Los Diez Principios del Éxito de Jesús

Por: David González

Los Diez Principios del Éxito de Jesús

Por: David González

Editorial: Buzón del Éxito

© Los Diez principios del Éxito de Jesús

Editorial: Buzón del Éxito, Inc.
24099 Postal Ave. Suite 206
Moreno Valley, Ca. 92553
Estados Unidos
Teléfonos:
(951) 243-3521
1-866-365-CLUB
Fax: (951) 924-4367
www.HayQueLeer.com
CLubDeLectores@aol.com

Editorial dedicada a: SOLO LOS MEJORES LIBROS.

ISBN: 0976778254

Printed in United States
Impreso en Estados Unidos

1a. Edición, Octubre del 2005.

Introducción

El consumismo y el crecimiento tecnológico de los últimos años ha sido un crecimiento sin precedentes, sin excusas y sin tanto protocolo. Nos estamos acostumbrando poco a poco a no darnos cuenta del mundo tan cambiante que tenemos frente a nosotros, y esto nos permite no hacer un alto en nuestras vidas para meditar. Creo es la razón de tanto stress y suicidio, de obesidad y nerviosismo, de apatía y postergación. Vivimos en un mundo tan hermoso, pero cada día lo hacemos más superficial, y menos sensible a las adversidades que se nos van presentando. Es tiempo de hacer un alto en nuestras vidas y mirar el ejemplo que Jesús nos dejó, no solo como hijo de Dios, sino como un hombre que vivió al 100% su misión. Estoy seguro que Jesús tuvo más que 10 principios de éxito, pero yo sólo he querido enumerar los que para mi fueron los más importantes, y que tal vez de los cuáles hoy todos tenemos una gran necesidad. He aquí pues una manera distinta de ver a éste gran hombre que para muchos es el Mesías, el Salvador; y para otros sólo un personaje de la historia. Hoy quiero presentarte a éste Salvador o personaje, como el ejemplo más grande de liderazgo que hemos tenido a lo largo de la historia.

Posiblemente, no estoy del todo seguro; POSIBLEMENTE si Jesús viviera en nuestros tiempos, tendría una Laptop, usaría un Rolex, tomaría café en el Starbucks, daría clases en UCLA, viajaría en primera clase, se hubiese reído de Dan Brown y su "Código Da Vinci", Comería de vez en cuando en el BJ's, reprendería a algunos "líderes religiosos" que viven en la mentira y la doble vida; y tal vez manejaría un Mercedes Benz. -Todo esto es una suposición muy personal.

Pero, de lo que estoy completamente seguro es que Jesús seguiría utilizando su misma filosofía de hace más de 2000 años. Filosofía que hoy nos hace tanta falta, y que por alguna razón no sabemos redescubrirla y aplicarla a nuestras vidas.

Espero que éste libro te ayude a descubrir toda la bondad y potencial que llevas dentro de ti, y que posiblemente hasta hoy no haz utilizado.

No caigas en el conformismo y la mediocridad que mucha gente ya vive, y que lamentablemente no aceptan por ser ellos mismos los saboteadores de su propio éxito.

David gonzález

Dedicatoria:

*** A Jesús de Nazareth,
El gran Maestro y Líder de todos los
tiempos, por heredarnos una filosofía fuera
de serie pero dentro del mandato divino.

*** A mi Padre,
Mi principal "Verdugo"
Gracias por haber tomado el papel
de mi "adversario", de mi "verdugo";
para hacerme crecer.
Gracias papá, porque al abandonarnos te
convertiste en el verdadero causante de ser
quién soy y hacer lo que hago.

*** A todos los que de una u otra manera
Han sido mis "verdugos".
Gracias a ustedes sigo y seguiré creciendo...

Créditos:

Editorial:
Buzón del Éxito

Concepto:
D.L.G.

Og Mandino
Amado Nervo
Dale Carnegie
Martin Luther King
Madre Teresa de Calcuta

Las citas bíblicas
fueron tomadas de:
La Biblia Latinoamericana

Diseño de Portada:
Franky Mendoza de
Monster Graphiks

Impreso en:
Los Talleres Exclusivos del
Buzón del Éxito.
Artistik Concepts.
En Los Angeles, Ca. USA

Agradecimientos:

A todos los miembros del "Club de Lectores"
y la "Academia de Líderes"
Del Sur de California.

Especialmente a los que han mostrado
madera de Liderazgo.

A Franky Mendoza, por hacerme escribir
el libro correcto, tal y como debería de ser.

Principio # 1

"Tengo algo que tú necesitas"

Jesús tenía siempre lo que otros necesitaban...

"Por eso cada cuál trataba de tocarlo, porque de Él salía una fuerza que los sanaba a todos" Lc. 6, 19.

.

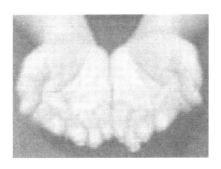

Así pues, Jesús fue sin lugar a dudas un personaje que siempre daba de lo que tenía, pero que siempre tenía lo que otros necesitaban.

De ese modo cubrió la necesidad de un buen vino en las Bodas de Caná. Dio la vista al ciego de Jericó, dio de comer a más de cinco mil personas, trasmitió sus enseñanzas en parábolas, otorgó el perdón al ladrón arrepentido; y hasta dar su vida por nosotros los seres humanos, hasta entonces paró su filosofía de DAR.

DAR. ¿Que tan difícil es dar?

¿Cuánto cuesta dar?

Exactamente lo que cuesta desarrollar una actitud de regocijo.

"Porque hay más alegría en DAR que en recibir" He. 20, 35

No fuimos diseñados para cambiar el mundo, pero si fuimos diseñados para cambiar nuestro entorno cercano, es decir no venimos a este mundo para todos, pero si venimos para alguien en particular.

Fuimos creados para cambiar a alguien, para inspirar a alguien, para motivar a alguien.

Estoy seguro que hay gente cercana a ti que está en busca de la excelencia, en busca de libertad financiera, en busca de una mejor salud, en fin; en busca de un mejoramiento en algún aspecto de su vida.

Usted no fue enviado a todo el mundo, pero si ha sido enviado a alguien.

¿Sabe? Estoy seguro que dentro de usted hay algo que usted posee, y que al menos una persona de su alrededor necesita; puede ser su amistad, puede ser su sonrisa, su calidez de ser humano, su amor, sus dones, sus consejos, o simplemente alguna oportunidad que usted tenga para esa persona. Pero usted debe saber que es específicamente aquello que usted posee y puede darlo a los demás; y para saber esto hay que conocerse así mismo.

Jesús entendía bien este principio, Él sabía que tenía lo que la gente necesitaba: palabras de aliento, sanación, perdón, enseñanzas, milagros etc....

Jesús fue un CARPINTERO de profesión, pero, fue un RESTAURADOR de convicción.

Restauró tantas almas y vidas; que esas almas y vidas restauradas, fueron restaurando a otras más a través de los siglos.

Así pues, hoy nuestra vida puede ser restaurada gracias a las convicciones de amor de éste Carpintero.

Jesús siempre promovió la excelencia y el avance personal, y nunca elogió el conformismo y la mediocridad.

De este modo, sabemos que siempre van a haber personas con espíritu de excelencia y personas con un grado de mediocridad y conformismo; por eso es importante conocerse a si mismo.

Las personas tenemos algo en común con las matemáticas, se suman, se restan, se multiplican, y se dividen. Y cada una de estas diferentes personas afecta a los demás, ya sea para bien o para mal.

¿Cómo y a Quién afecto yo a lo largo de mi vida?

Los que suman:

Son aquellos que no solo creen y te apoyan en tus metas y proyectos, sino que además se suman a tu causa, se unen a ti por que están convencidos de que tienes la capacidad de lograr lo que en la vida te propongas.

Los que restan:
Por el contrario, son aquellos que no solo no creen en ti, sino que ni siquiera pueden creer en ellos mismos, no se atreven ni a tratar, porque de antemano ya perdieron.

Los que multiplican:
Son los que viven buscando oportunidades, aquellos que tienen verdadera conciencia de su misión en la vida, los que saben que si dejan pasar una oportunidad, otro la aprovechará, son los que saben el verdadero concepto de la duplicación.

Los que dividen:
Y a estos les afecta seriamente su pasado, solo son felices dividiendo a los demás, sembrando el odio, la envidia y hasta el terrorismo en las naciones. Su ideal está basado en la apatía y el ego, en los complejos y el orgullo, no saben ni siquiera por que están en este mundo.

Toda persona que no te ayude a crecer,
inevitablemente te ayudará a disminuir;
por eso, la asociación es uno de los factores
más importantes en la vida del ser humano,
es importante saber con quien, o a quien nos
asociamos todos los días.
"El que anda con sabios, sabio será,
más el que se junta con necios
será quebrantado" Pro. 13, 20
Cada relación que a lo largo de nuestras
vidas vamos teniendo, alimenta una fuerza
o una debilidad dentro de cada uno de
nosotros, y cada uno de nosotros somos los
responsables absolutos de si al final de cada
relación estoy satisfecho o insatisfecho.
Miles de personas quieren cambiar, pero
no saben como hacerlo.
El alcohólico odia su atadura.
La mayoría de los que fuman anhelan
dejar el vicio.

El drogadicto se sienta por horas preguntándose como puede romper las cadenas de su esclavitud.

Detente un momento, y piensa en

¿Cuál es tu don más grande?

¿Eres un buen oyente?

¿Eres un buen comunicador?

¿Eres un buen ciudadano?

¿Cuál es tu fortaleza más grande?

Cualquiera que sea tu don o fortaleza, es lo que Dios usará de ti para bendecir a otros.

No tengas miedo de DAR.

De DAR sin medida y sin prejuicios, sin tanto protocolo, simplemente DA.

Además no todos necesitarán de tu don o fortaleza, pero en definitiva alguien lo requiere.

Tú eres capaz de motivar a alguien, capaz de proveer un ambiente donde los demás descubran sus dones, fortalezas y valores.

Hay gente que está en busca del éxito, de mejorar su estilo de vida; y solo esperan encontrarse en la vida con alguien que esté completamente seguro de saber hacia donde va. La gente quiere cambiar.

Tu tarea de ahora en adelante debe ser descubrir dentro de ti ese don o fortaleza que por muchos años ha estado ahí sin utilizar.

Tienes que conocerte mejor para saber cual va a ser tu aportación a la humanidad, para no darte un lujo que la mayoría se da; el lujo de morir sin dejar huella alguna en la vida de los que quedan.

¿Cómo puedes cambiar la vida de alguien?

¿Cuál es el don especial que tienes para dar a los demás?

Dar

Una cosa yo he aprendido
de mi vida al caminar,
no puedo ganarle a Dios,
cuando se trata de dar.

Por mas que yo quiero darle,
siempre me gana el a mi,
porque me regresa más
de lo que yo le pedí.

Se puede dar sin amor,
no se puede amar sin dar,
si yo doy no es porque tengo,
mas bien tengo porque doy.

Y cuando Dios me pide,
es que me quiere dar;
y cuando Dios me da,
es que me quiere pedir.

Si tu quieres,
haz el intento y comienza a darle hoy,
y veras que en poco tiempo
tu también podrás decir:
Una cosa yo he aprendido
de mi vida al caminar,
no puedo ganarle a Dios
cuando se trata de dar.

AMIGOS DE LA SIERRA TARAHUMARA

Principio # 2

"Cree en lo que haces"

Jesús siempre creyó en lo que hacía...

La creencia es el sentimiento más
espectacular del ser humano. Sin creencia
es imposible llegar a algún lado.
La creencia es el motor de todas tus
aspiraciones y logros.
En la creencia se demuestra la calidad de tu
verdadera esencia, de tu verdadero ser.
La actitud de las personas siempre se siente,
con la actitud somos capaces de atraer a la
gente o también de alejarla.
Nunca tendrás éxito en ningún negocio,
proyecto o producto, a menos que realmente
creas en el.

Si tienes dudas, tarde que temprano saldrán a la superficie. Se te notará en la cara, en tu mirada, en tus palabras.

Por eso siempre debes creer en el negocio, proyecto o producto que estás moviendo.

Y no hablo precisamente de si te dedicas a promocionar cierto producto, ¡NO!

Hablo del producto que desde hace tiempo traes en tu mente dando vueltas para poder convertirlo en proyecto, pero que por alguna razón no haz puesto en marcha dicho proyecto o negocio.

Hablo del producto de tu actitud, de tus valores, de tus fortalezas, de tu sonrisa, de tu amabilidad.

Tienes tantas cosas que promover y vender, que a veces tienes dudas si estarán obsoletos o caducados.

Por favor, no tengas miedo de sacar a flote todo ese potencial que te hace ser imagen de Dios.

Detente un momento, y analiza la vida de Jesús. Él siempre creyó que podía cambiar a la gente, creyó en su misión, creyó en su filosofía, no estaba confuso ni con falta de identidad, y aunque mucha gente de Judea no creía en su misión, Él siempre estuvo firme en sus convicciones.

Se convenció primero así mismo para después poder convencer a los demás con su propio ejemplo y estilo de vida.

"El que beba de esta agua volverá a tener sed, pero el que beba del agua que yo le daré nunca volverá a tener sed. El agua que yo le daré se convertirá en él en un chorro que salta hasta la vida eterna" Jn. 4, 13-14.

¿Qué es lo que hace que uno crea en su propio producto?

El conocimiento del mismo.

El producto de Jesús era Vida.

"El ladrón solo viene a robar, matar y destruir, mientras que yo he venido para que tengan vida y la tengan en abundancia" Jn. 10,10.

Si el producto de Jesús era vida, ¿cuál es tu producto? ¿Cuál es el producto en el que debes creer para poder darlo a los demás?

No importa cual es el producto o fortaleza que tienes; lo que importa es que ahora debes dedicar tiempo y hacer el esfuerzo necesario para conocer ese producto.

No recibirás ganancia alguna hasta que no conozcas completamente tu producto, y comiences a promoverlo.

Pero no solo se trata de conocer tu producto, se trata aún más de creer en el.

No importa cuanto crea la gente en ti, importa más cuanto tú crees en ti mismo.

El conocimiento completo de tu propia persona es lo que te va hacer creer en ti.

En la vida no podrás obtener el éxito, a menos que tengas pleno conocimiento de tu producto o fortalezas.

-Tal vez estás desalentado por tu trabajo,

por el gobierno, por la guerra o por la pérdida de un ser querido.

-Tal vez te sientes sin esperanza alguna, sin ganas de seguir viviendo, sin entusiasmo por tu relación; no lo sé, pero entonces te sugiero que analices a profundidad el estatus de tu vida.

¿Cuánto tiempo dedicas al conocimiento de tu producto?

Que tal vez puede ser:

Tu familia, tu trabajo, tu negocio, tus habilidades, tus metas y tus sueños.

¿Cuántas horas al día inviertes en conocer tu entorno?

¿O tal vez estas tan ocupado en tratar de ganar más dinero que se te olvida ser productivo?

Hoy por hoy, debes comenzar a elevar tu creencia a través del conocimiento de tus fortalezas o productos.

"Todo es posible para el que cree"

MC. 9, 23

Tengo un sueño

Tengo un sueño,
un solo sueño,
seguir soñando.
Soñar con la libertad
soñar con la justicia
soñar con la igualdad
y ojala ya no tuviera
necesidad de soñarlas.
Soñar a mis hijos
grandes sanos felices
volando con sus alas
sin olvidar nunca el nido.
Soñar con el amor
con amar y ser amado
dando todo sin medirlo
recibiendo todo sin pedirlo.
Soñar con la paz
en el mundo
en mi país
en mi mismo,

y quién sabe
cuál es más difícil
de alcanzar.
Soñar que mis cabellos
que ralean y se blanquean
no impiden que mi mente
y mi corazón
sigan jóvenes
y se animen
a la aventura,
sigan niños
y conserven la capacidad
de jugar.
Soñar
que tendré la fuerza,
la voluntad
y el coraje
para ayudar
a concretar mis sueños
en lugar de pedir por milagros
que no merecería.

Soñar
que cuando llegue al final
podré decir
que viví soñando
y que mi vida
fue un sueño soñado
en una larga
y plácida noche
de la eternidad.

MARTIN LUTHER KING

Principio # *3*

"Pasión por lo que haces"

Jesús siempre tenía pasión por lo que hacía...

"Cualquier trabajo que hagan, háganlo de buena gana, pensando que trabajan para el Señor y no para los hombres" Col. 3, 23.

La pasión es un sentimiento que te da poder para lograr todo lo que te propones en la vida. Nunca tendrás éxito significante en algo, si ese algo no se convierte en un deseo ardiente.

Un deseo ardiente es cuando ese algo consume tu tiempo, tus pensamientos y tu vida.

Usted será recordado en la vida por el grado de pasión que haya desarrollado en todo lo que hizo.

Madre Teresa, por sus pobres de Calcuta.

Thomas Alva Edison, por sus inventos.

Mahatma Gandhi, por su ideología de la no-violencia e independencia de la India.

Henry Ford, por su automóvil.

Martín Luther King, por la defensa a favor de su gente.

Billy Graham, por su evangelismo.

Jesús por su plan de salvación.

¿Y tú por que serás recordado?

Jesús fue un personaje que siempre vivió con enfoque y pasión, alineado al mandato de su Padre.

Sanó a los enfermos, resucitó a los muertos, hizo a mucha gente exitosa, restauró tantas vidas para que esas vidas vivieran en completa armonía.

La pasión de Jesús, fue lo que lo llevó a la cruz.

Veinte centímetros de espinas fueron apretados alrededor de su cabeza.

Perforaron sus manos con clavos.

Una lanza traspasó su costado.

Treinta y nueve azotes de un solo látigo destrozaron su espalda.

Más de cuatrocientos soldados escupieron su cara. Pero el seguía firme en su misión, gracias a la pasión que le quemaba dentro de su corazón.

Vivir con pasión significa dejar la mediocridad a un lado y comenzar a vivir el verdadero sentido de la vida.

El éxito que quieras obtener en la vida, depende de la pasión que muestres para vivir tu vida.

Tú puedes empezar poco a poco; pero, ¡hoy mismo!

Hoy comienza a pensar en aquello que consume tu mente, tus pensamientos, tu conversación tu diario vivir.

Haz los cambios necesarios para que tu vida sea diferente. No te olvides de la ley de causa y efecto.

¿Qué es lo que estas causando con tus actitudes y manera de pensar?

El efecto que obtengas al final de cada dia, será causado por tus pensamientos y actitud diaria.

¿Acaso tu mente vaga todo el dia pensando en que harás con tu vida?

¿Sabes?

¡Encuentra algo ya! que consuma tu ser y deja ya de "pichi catear" contigo mismo. Busca algo alrededor de lo cual sea digno de edificar tu propia vida. Algo que valga la pena y en lo cual tengas que vivir con pasión porque te gusta hacer eso.

Hay tanta gente que todos los días se
levanta por la mañana sin querer hacerlo,
que van a su trabajo sin ganas, que viven
sin entusiasmo, que hasta el hablar les
cuesta trabajo hacerlo.

Por favor, ponte metas, y haz que esas
metas se conviertan en un deseo ardiente,
para que así puedas ser una persona
apasionada.

Busca entre tus amistades a tres personas
que tú consideres que viven con pasión e
imítalas; pero no te quedes cruzado de
brazos. No vivas quejándote de lo que te
pasa, haz algo para superar cada situación
difícil que pases. Pero, ¡Hazlo Ya!

¿Cuál Es?

¿El día más bello? Hoy
¿El obstáculo más grande? El miedo
¿La raíz de todos los males? El egoísmo
¿La peor derrota? El desaliento
¿La primera necesidad? Comunicarse
¿El misterio más grande? La muerte
¿La persona más peligrosa? La mentirosa
¿El regalo más bello? El perdón
¿La ruta más rápida? El camino correcto
¿El resguardo más eficaz? La sonrisa
¿La mayor satisfacción? El deber
cumplido
¿Las personas mas necesitadas? Los
padres
¿La cosa más fácil? Equivocarse
¿El error mayor? Abandonarse

¿La distracción más bella? El trabajo
¿Los mejores profesores? Los niños
¿Lo que más hace feliz? Ser útil a los
demás
¿El peor defecto? El malhumor
¿El sentimiento más ruin? El rencor
¿Lo más imprescindible? El hogar
¿La sensación más grata? La paz interior
¿El mejor remedio? El optimismo
¿La fuerza más potente del mundo? La fe
¿La cosa más bellas de todo? El Amor

MADRE TERESA DE CALCUTA

Principio # 4

"Planea tu tiempo y con tiempo"

Jesús siempre dedicó tiempo para planear...

Los campeones siempre planean.
La planificación es el punto de partida
para toda meta o sueño que posees.
No puedes darte el lujo de vivir tu vida sin
planear, de vivir simplemente por vivir, de
vivir como las enredaderas simplemente
creciendo y creciendo para donde sea, sin
rumbo alguno.
Escribe y planea tu éxito en la vida. No se
requiere de tanto tiempo para planear, se
requiere de audacia y espíritu de crecer, de
autenticidad y creencia.
Jesús planeo ir a Cafarnaún, planeó llamar
y enviar a sus discípulos.

En fin, Jesús planeó su futuro.
"En la casa de mi Padre hay muchas
habitaciones. De no ser así, no les habría
dicho que voy a prepararles un lugar".

Jn. 14, 2.

La vida es tan noble, que estoy seguro que si
planeas, ella misma te facilitará lo necesario
para que tus planes se materialicen. No
tienes que resistirte a la simpleza de la vida,
ni a sus cambios, ni a su ritmo.

Escribe una lista de tus 101 sueños y deseos,
créeme que funciona, te lo digo yo que a mis
37 años de edad y habiendo escrito mis 101
sueños hace 11 años, ya he podido realizar
mas de 44 de esos sueños.

Pero no solo hagas una lista y te olvides de
ella durante todo el año; aprende a vivir con
tu lista, repásala todos los días, haz que
cada sueño escrito se convierta en un deseo
ardiente, un deseo que nadie sino tu, solo tu
puedes entender.

Hay mucha gente que dice:
"Un día de estos"
¿Y sabes?
"Un día de estos no es ninguno de estos
días" "Un día de estos" no existe.
Planea tu vida, planéala día a día, en una
hoja de papel escribe lo que harás mañana,
el carro que deseas tener, la casa donde
deseas vivir, los logros que quieres alcanzar.
Escribe seis cosas que quieras lograr en este
día, y enfoca toda tu atención a cada una
de ellas. Asigna un tiempo específico cada
día para cada cosa.
Si no puedes planear para las próximas
veinticuatro horas de tu vida, ¿Qué te hace
pensar que lograrás tus sueños y deseos de
los próximos 24 años? Considera cada
hora que pasa como si cada hora fuera tu
empleado. Dale a cada hora una tarea
específica.
¿Qué quiero lograr hoy entre las 5 y las 6
de la tarde?

Simplemente planea, aprende del águila
que hasta su vuelo majestuoso es planeado.
Aprende de las hormigas que planean en el
verano para cuando llegue el invierno.
Planificar cuesta trabajo.
Es tedioso.
Es duro.
Es exigente y cansado.
Pero al final de todo es divertido y
satisfactorio.
Algunas veces tenemos que hacer algo que
no nos gusta, para crear y obtener algo que
amamos.
Tenemos tanto que aprender de la
naturaleza y los demás, que nos es difícil
simplemente pensar en planear.
El secreto de tu futuro esta escondido en tu
rutina diaria.
¿Que es lo que haces con tu tiempo?
¿Lo gastas?   O   ¿Lo inviertes?
¿Estás ocupado?   O
¿Estás siendo productivo?

Hay gente que prefiere poner de excusa al gobierno, al clima, a la guerra, a la discriminación, a la religión etc., para no planear.

Hay quienes han llegado a decir:

"Yo quiero triunfar, pero el presidente Bush no nos da la oportunidad, yo quiero estar bien, pero Arnold Schwarzenegger no nos quiere dar las licencias.

¿Que "pinches" tiene que ver Bush o Schwarzenegger con mi éxito?

¡Nada!.

Simplemente estoy auto engañándome, para no sentirme tan frustrado y tan fracasado.

El éxito se planea, y el fracaso también.

Así que, cuidado con lo que piensas.

Al igual que Jesús tuvo siempre su plan, nosotros tenemos que tener un plan de vida, un plan activo, claro y válido; no un plan obsoleto, confuso y vencido.

Hoy, por hoy tengo que descubrir cual es el mayor obstáculo al que me enfrento para poder planificar mi vida.
Si no planifico, tengo derecho a que la vida me trate como quiera.

Dar vale más que recibir

Todo hombre que te busca va a pedirte algo...
El rico aburrido, la amenidad de tu conversación;
el pobre, tu dinero;
el triste, un consuelo;
el débil, un estímulo;
el que lucha, una ayuda moral.
Todo hombre que te busca, de seguro va a pedirte algo.
¡Y tú te vuelves impaciente!,
y tú piensas, ¡qué fastidio! ¡Infeliz!

La ley escondida que reparte misteriosamente las excelencias, se ha dignado otorgarte el privilegio de los privilegios, el bien de los bienes, la prerrogativa de las prerrogativas: ¡DAR! ¡TÚ PUEDES DAR!

¡En cuantas horas tiene el día, tú das, aunque sea una sonrisa, aunque sea un apretón de manos, aunque sea una palabra de aliento! ¡En cuántas horas que tiene el día te pareces a Jesús, que no es sino donación perpetua y regalo perpetuo! Debieras caer de rodillas ante el Padre y decirle: "Gracias porque puedo dar, Padre mío! ¡Nunca más pasará por mi semblante la sombra de una impaciencia!" ¡EN VERDAD OS DIGO QUE VALE MAS DAR QUE RECIBIR!

AMADO NERVO

Principio # 5

"No juzgar"

Jesús nunca juzgó a la gente...

"Hermanos, si realmente creen en Jesús,
nuestro Señor, el Cristo glorioso, no hagan
diferencia entre personas". Stgo. 2, 1.
No existe ninguna razón válida para hacer
distinción de personas, mucho menos para
juzgar a los demás.
En el maravilloso libro: "Como ganar
amigos e influir sobre las personas",
Dale Carnegie, nos presenta un panorama
bastante claro acerca de "no juzgar" a los
demás. "El mismo Dios, señor, no se
propone juzgar al hombre hasta el fin de
sus días".
Entonces ¿Por qué hemos de juzgarlo usted
o yo?

Nadie es como parece la primera vez que lo vemos. A veces la envoltura es engañosa. Las cajas de cereales parecen la comida más emocionante del mundo, las compañías gastan miles de millones de dólares en envolturas. No me mal interprete. La ropa es muy importante, los que me conocen personalmente lo saben.

La apariencia vende o desalienta.

Pero hay algo más importante que la envoltura: La persona.

En el encuentro de Jesús con la Samaritana, Jesús no solo vio a una mujer cansada y frustrada por el fracaso de sus cinco matrimonios, vio más allá de su reputación y sus fracasos. Vio su interior, vio su corazón, Jesús tuvo la capacidad de ver en ella el deseo de ser cambiada, vio su apertura a una mentalidad de cambio y aceptación.

Entonces la mujer Samaritana se convirtió en el puente para que Jesús llegara a tanta gente de aquel lugar.
En lugar de juzgarla y condenarla, simplemente le ofreció su ayuda.
Deja de perder el tiempo en juzgar y criticar a los demás, por muy razonable que sea la crítica, no tiene sentido criticar ni juzgar.
De ahora en adelante hay que poner más atención a la esencia de las personas, atención a las actitudes del prójimo.
No juzgues a los demás por su apariencia, mejor enfócate en su corazón y su esencia; y piensa de que manera puedes afectarlos positivamente.
Juzgar a los demás, es juzgarse a si mismo por adelantado.
Juzgar a los demás, es no estar satisfecho con la vida.
Juzgar a los demás es no saber que cada persona tiene cualidades escondidas.

Recuerda que cada persona es diferente de
las demás, y que en cada persona hay algo
muy individual y especial.
Tal vez sea la risa,
Tal vez sea el brillo de sus ojos,
o la ternura que emana de su corazón.
Sea lo que sea, eso especial de cada persona
es simplemente el reflejo de su propia alma
y su ser.
Jamás conocerás a ninguna criatura que
tenga la capacidad de comprender y amar
como el ser humano, como tú y como yo.
Fuera de todos los dones y fortalezas que
hayas descubierto en ti, tienes un don muy
especial y ese don es tu persona, es tu ser.
Todos tenemos ese maravilloso don. Es por
eso que hoy debes agradecer a los que tienes
a tu alrededor por haber decidido
compartir ese don tan especial contigo.

Y aunque una sola persona no puede cambiar el mundo, quiero que sepas que tanto tu como los demás han hecho una diferencia significativa en mi vida, por el simple hecho de existir.

Porque tu presencia es un regalo para el mundo, al ser una persona especial y única.

Recuerda que tu vida puede ser lo que tu quieras que sea; nunca te rindas, por el contrario, si la vida se te hace pesada, enfrenta cada día uno por uno.

Aprende a contar tus fortalezas, y no tus debilidades.

Aprende a contar los días soleados, en vez de los nublados.

Aprende a mirar las rosas con espinas, y no las espinas con rosas.

Aprende a elogiar, en lugar de juzgar y criticar.

Cuenta tus bendiciones, y no tus problemas.

Porque tú siempre sabes como vencer cualquier dificultad.

Si no juzgas, si no criticas, si no condenas, si no te quejas; en tu corazón encontrarás las respuestas que desde hace tiempo estás buscando.

Porque dentro de ti, está ese ser superior que a veces es incomprensible.

Aprende de ese ser que nunca es demasiado tarde para empezar.

Tengas la edad que tengas, todavía puedes conocer tu "guión de vida"

Haz todas las cosas comunes de una manera extraordinaria y siempre date tiempo para soñar.

Alégrate

Si eres pequeño, alégrate;
porque tu pequeñez sirve de contraste
a otros en el universo; porque esa pequeñez
constituye la razón esencial de su grandeza;
porque para ser ellos grandes,
han necesitado que tú seas pequeño,
como la montaña para culminar
necesita alzarse entre colinas, lomas y
cerros.

Si eres grande, alégrate,
porque lo inevitable se manifestó en ti
de manera excelente,
porque eres un éxito del artista eterno.
Si eres sano, alégrate;
porque en ti las fuerzas de la naturaleza
han llegado a la ponderación y a la
armonía.

Si eres enfermo, alégrate;
porque luchan en tu organismo
fuerzas contrarias que acaso buscan
una resultante de belleza
porque en ti se ensaya ese divino alquimista
que se llama el dolor.
Si eres rico, alégrate,
por toda la fuerza que el Destino
ha puesto en tus manos
para que la derrames...
Si eres pobre, alégrate;
porque tus alas serán más ligeras;
porque la vida te sujetará menos;
porque el Padre realizara en ti
más directamente que en el rico,
el amable prodigio periódico del pan
cotidiano...

Alégrate si amas;
porque eres más semejante a Dios que los
otros.
Alégrate si eres amado;
porque hay en esto
una predestinación maravillosa.

Alégrate si eres pequeño,
alégrate si eres grande;
alégrate si tienes salud;
alégrate si la has perdido;
alégrate si eres rico;
si eres pobre, alégrate;
alégrate si te aman;
si amas, alégrate;
¡alégrate, siempre,
siempre, siempre!

AMADO NERVO

63

Principio # 6

"Tener Metas"

Jesús siempre tuvo metas específicas...

"La sabiduría del hombre hábil consiste en saber a dónde va..." Pro. 14, 8

¿Qué es lo que realmente quieres?
En el principio # 4, escribí sobre la importancia de tener una lista de tus 101 sueños por escrito. No pongas en saco roto esta observación. Si aún no la tienes, deja de leer y haz esa lista hoy.
Porque cuando tu decides exactamente "que quieres", el "cómo hacerlo" emergerá.
Jesús sabía con exactitud cual era su meta.
"El hijo del hombre ha venido a buscar y a salvar lo que estaba perdido. Lc. 19, 10

Jesús tenía un sentido del destino muy específico, a través de sus metas diarias en su plan de salvación.

Por favor, empieza a escribir tus sueños, ¡ya!

Escríbelos detalladamente en un papel, sin miedo, sin prejuicios, sin escrúpulos de tu parte. Todo lo que puedas soñar, seguramente lo podrás lograr. Cuando te pongas metas, entonces tendrás un propósito en la vida.

La vida es maravillosa y simple, y no se vale vivirla sin metas y sueños.

Eres capaz de todo, pues eres una persona maravillosa, capaz de moldear tu vida y la vida de los demás.

Solo transformarás el mundo en que vivimos, cuando tengas un propósito en la vida; cuando tus fortalezas se apoderen de tu ser; cuando la magia que llevas dentro sorprenda a los demás; cuando dejes de aferrarte al pasado y sueñes con el futuro.

No hay limitaciones para soñar, las únicas limitaciones están en tu mente.

Deja de mirar hacia atrás, para que tus ayeres no pesen sobre tu espalda.

No te desveles vislumbrando lo que te espera. Pues cuando llegues a esa curva en el camino, serás más fuerte y mejor persona.

Sigue tus sueños paso a paso, y repasa tus metas todos los días, y encontraras una vida abundante y grata que jamás creiste posible.

Empieza temprano el día, te asombraras cuanto puedes lograr cuando otros recién comienzan su día.

"De madrugada, cuando todavía estaba muy oscuro, Jesús se levantó, salió y se fue a un lugar solitario. Allí se puso a orar."

Mc. 1, 35.

Te aseguro que puedes pensar mas claro por la mañana, que el resto del día.

En las mañanas es cuando puedes enfocarte mejor en las cosas.

El tiempo es un factor muy importante para la realización de tus metas; no lo pierdas, no lo mates, no lo desperdicies. El tiempo te puede llevar al éxito o al fracaso, a la realización o a la frustración. Hay un tiempo para todo.

Jesús entendía perfectamente el valor del tiempo, pues pasó treinta años de su vida preparándose para su ministerio antes de hacer su primer milagro.

"¿Qué quieres de mí, mujer? Aún no ha llegado mi hora". Jn. 2, 4.

No es que Jesús no estaba preparado, pues el milagro de todas maneras lo hizo, tal vez para honrar a su madre, pero Él sentía que no era el momento aún de anunciarse como el Mesías, y tenía que cumplir con el mandato que su Padre le había encomendado, además de tener plena conciencia de su responsabilidad. Sabiendo que todo debe darse a su debido tiempo.

Pues hay un tiempo para todo.

Hay un tiempo para hablar y uno para estar en silencio.

Hay un tiempo para esperar, y un tiempo para avanzar.

Así que cualquiera que sea tu meta, debes dedicarle tiempo de calidad.

Deja de apuntar al pasado, y comienza a señalar tu futuro. Pues en la vida, todo, absolutamente todo tiene su tiempo.

Pero tú éxito no solo depende del tiempo. Sea que estés pasando por un momento difícil, o estés en la cumbre de tu mejor momento. El tiempo ganado o perdido te traerá como resultado el éxito o el fracaso.

Cayeron unas gotas de lluvia en lo alto de una montaña. El río quedaba cuesta abajo. Las gotas deseaban llegar a él. Pero no había ningún camino. Iniciaron su recorrido y a lo largo de este, encontraron los caminos hasta llegar al río.

Tus sueños, no son diferentes a una gota de lluvia en la montaña. Para nadie nos es desconocido que la lluvia encuentra caminos en la montaña para llegar a tierra, aunque no existan caminos asfaltados.

Hay personas que cuando sueñan, se detienen al concentrarse en las imposibilidades de sus sueños, y nunca inician.

Por eso es recomendable soñar con cosas pequeñas. Ya que cuando estas se realizan, dan confianza para el siguiente paso.

Desde luego que sin dejar atrás el soñar en grande.

Los negocios pequeños a la larga se convierten en grandes.

Por eso, todo lo que necesitas, es comenzar de alguna forma. Así, como la gota de lluvia encontró su camino y el auto abrió brecha para más ideas, hallarás la manera de alcanzar tus sueños.

Los desafíos que encuentres son oportunidades disfrazadas que te permitirán lograr mayores éxitos. Así que... ¡adelante! ¡No te detengas! Todo lo que necesitas es comenzar.

Principio # 7

"Crear buenos hábitos"

Jesús siempre tuvo Buenos hábitos...

"Llegó a Nazaret, donde se había criado, y el sábado fue a la sinagoga, como era su costumbre. Se puso de pie para leer.

Lc. 4, 16.

Los grandes hombres, simplemente tienen grandes hábitos.

Los hábitos buenos son un don de Dios.

Pero el habito en si, es una espada de doble filo, los hábitos positivos son para el éxito, mientras que los hábitos negativos son para el fracaso y la frustración.

Los buenos hábitos son simplemente la herramienta primaria del éxito.

Comienza a partir de hoy a crear buenos
hábitos en tu persona, a cambiar los malos
hábitos por los buenos, uno por uno.
Si fumas, trata de fumar menos, y ese
tiempo empléalo en la lectura de un buen
libro, o en la práctica de algún deporte.
Los buenos hábitos son la parte esencial de
tu persona, es lo que hablará de ti a las
futuras generaciones, es la escalera hacia el
logro de tus sueños.
Queremos estar rodeados de gente "buena"
¿Y qué estamos haciendo para lograrlo?
¡Dejemos ya de quejarnos y echarles la
culpa a los demás! "Cumplamos con
nuestra obligación de construir una
sociedad sana, empezando por nosotros
mismos". "Adquiramos Hábitos Buenos".
Todos podemos mejorar lo que hacemos
hoy y con nuestros actos influimos a todos
los que nos rodean.

El pergamino numero uno del libro
"El vendedor más grande del mundo"
de Og Mandino, habla maravillosamente
de los buenos hábitos.
"Me formaré buenos hábitos y seré el esclavo de esos hábitos".
Es uno de los primeros pasos para lograr lo que nos proponemos; somos esclavos de los hábitos que nos formamos y estos deben ser por lo tanto buenos hábitos. Para formar un hábito deberá repetirlo siempre. Como dice Og Mandino en su libro: "porque cuando un acto se hace fácil mediante la repetición constante se convierte en un placer realizarlo y si es un placer realizarlo corresponde a la naturaleza del hombre el realizarlo con frecuencia".
Hafid decidió leer cada pergamino por 30 días por la mañana, al medio día y por último al acostarse pero esta vez en voz alta.

Todo este procedimiento con el fin de que quede grabado en su subconsciente y así nunca olvidarlo.

Los hábitos se pueden heredar a otras personas y así influir de una u otra manera en la sociedad.

Estoy cansado de trabajar y de ver a la misma gente, camino a mi trabajo todos los días. Llego a la casa y mi esposa sirvió lo mismo de la comida para cenar. Voy a entrar al baño y mi hija de apenas año y medio no me deja porque quiere jugar conmigo, no entiende que estoy cansado. Mi Padre también me molesta algunas veces y entre clientes, esposa, hija, padre, me vuelven loco, quiero paz. Lo único bueno es el sueño, al cerrar mis ojos siento un gran alivio de olvidarme de todo y de todos.

- Hola, vengo por ti.
- ¿Quién eres tu? ¿Cómo entraste?

- Me manda Dios por ti. Dice que escuchó tus quejas y tienes razón, es hora de descansar.

- Eso no es posible, para eso tendría que estar...

- Así es, si lo estas, ya no te preocuparás por ver a las mismas gentes, ni de aguantar a tu esposa con su guisos, ni a tu pequeña hija que te moleste, ni escucharas los consejos de tu padre.

- Pero...que va a pasar con todo ?con mi trabajo?

- No te preocupes, en tu empresa ya contrataron a otra persona para ocupar tú puesto y por cierto, esta muy feliz por que no tenia trabajo.

- Y mi esposa y mi bebé?

- A tu esposa le fue dado un buen hombre que la quiere, respeta y admira por sus cualidades y acepta con gusto todos sus guisos sin reclamarle nada.

Y además, se preocupa por tu hija y la quiere como si fuera suya y por muy cansado que siempre llegue del trabajo, le dedica tiempo para jugar con ella y son muy felices.

- No, no puedo estar muerto.

- Lo siento, la decisión ya fue tomada.

- Pero...eso significa que jamás volveré a besar la mejillita de mi bebé, ni a decirle te amo a mi esposa, ni darle un abrazo a mi padre. NO, NO QUIERO MORIR, QUIERO VIVIR, envejecer junto a mi esposa, NO QUIERO MORIR TODAVIA....

- Pero es lo que querías, descansar, ahora ya tienes tu descanso eterno, duerme para SIEMPRE.

- NO, NO QUIERO, NO QUIERO, POR FAVOR DIOS....!!!!

- ¿Qué te pasa amor?, ¿tienes una pesadilla?,

- dijo mi esposa despertándome.

- No, no fue una pesadilla, fue otra oportunidad para disfrutar de ti, de mi bebé, de mi familia, de todo lo que Dios creó.

¿Sabes?, estando muerto ya nada puedes hacer y estando vivo puedes disfrutarlo todo. QUE BELLO ES VIVIR!!!!

Principio # 8

"La verdad por sobre todo"

Jesús siempre puso la verdad primero...

"Yo soy el camino, la verdad y la vida.
Nadie va al Padre sino por mi"

Jn. 14,6.

Hay que ser verdadero.
Para poder TENER, hay que HACER,
pero para HACER, hay que SER.
Solo di la verdad la primera vez, y nunca
tendrás que tratar de recordar lo que dijiste.
Porque la verdad siempre sobrevive a las
tormentas de las difamaciones y las falsas
acusaciones.
Nunca te representes mal ante los demás.
Nunca representes mal tu empresa o tu
producto ante los demás.

Nunca representes mal a tu familia ante la sociedad.

Cuida de tu imagen y de la verdad.

Nada es más importante en la vida que la credibilidad.

Cuando la credibilidad se pierde, se ha perdido la esencia del éxito.

Es por eso que la integridad de Jesús intimidó a los fariseos e hipócritas. Ellos reaccionaron ante la honestidad y sinceridad de Jesús. De modo que la verdad es una fuerza capaz de destruir montañas de prejuicio, mentiras y calumnias.

La verdad no puede ser cambiada, sino solo la verdad puede cambiar al mundo.

Haz de la verdad tú mejor aliada, para lograr tus metas y sueños deseados.

¿Qué es la verdad?

Es veracidad al ser veraz.

Es autenticidad al ser autentico.

Es franqueza al ser franco.

Es la capacidad de lealtad que te muestras a ti mismo.

Así, que cuando tengas la oportunidad de mostrar la verdad, simplemente muéstrala, sin miedos ni prejuicios. Porque la verdad es el único valor que te da plena libertad.

Piensa con la verdad, habla con la verdad, siente con la verdad, haz todo con la verdad y vive con la verdad.

Siempre que te encuentres en conflicto y enfrentándote a una situación difícil, o sin saber hacia donde dirigir tu vida, recuerda que la verdadera respuesta esta dentro de ti.

Eres una criatura sorprendente, con grandes capacidades y profundidades a las que casi nunca sueles recurrir.

De vez en cuando haz meditación profunda, relájate y respira con calma. Exponte a ti mismo mentalmente tu problema y luego pide orientación a tu verdadera sabiduría interior.

Escucha y espera. Posiblemente verás algo
que te guiará. Puede que no notes ningún
cambio, pero la ayuda verdadera está
dentro de ti.
Abre los ojos y aprende la verdad que hay
en todo esto.

La verdad por sobre todo es que:
Soy Un hombre rico
"Me propongo demandar a la revista
`Fortune´, pues me hizo víctima de una
omisión inexplicable.
Resulta que publicó la lista de los hombres
más ricos del planeta y en esta lista no
aparezco yo.
Aparecen, sí, Bill Gates con sus casi 50 mil
millones de dólares, Warren Buffet con sus
44 mil millones de dólares, Lakshmi
Mittal con sus 25 mil millones, el mexicano
Carlos Slim con 24 mil millones, y
aparecen también los herederos de

Sam Walton, con 20 mil y Takichiro Mori, con 14 mil.

Figuran ahí también personalidades como la Reina Isabel de Inglaterra, con 11 mil millones de dólares; Stavros Niarkos con 4 mil.

Sin embargo a mí no me menciona la revista. Y yo soy un hombre rico, inmensamente rico.

Y si no, vean ustedes.

Tengo vida, que recibí no sé por qué, y salud, que conservo no sé cómo.

Tengo una familia de la cual no he recibido sino felicidad.

Tengo hermanos que son como mis amigos, y amigos que son como mis hermanos.

Tengo gente que me ama con sinceridad a pesar de mis defectos, y a la que yo amo con sinceridad a pesar de sus defectos.

Tengo muchos lectores a los que cada día les doy gracias porque leen bien lo que yo escribo mal.

Tengo una casa, y en ella muchos libros (si estuviera casado mi esposa diría que tengo muchos libros, y entre ellos una casa).
Poseo un pedacito del mundo en la forma de un huerto que cada año me da manzanas que habrían acortado aún más la presencia de Adán y Eva en el Paraíso.
Tengo un perro que no se va a dormir hasta que llego, y que me recibe como si fuera yo el dueño de los cielos y la tierra.
Tengo ojos que ven y oídos que oyen; pies que caminan y manos que acarician; cerebro que piensa cosas que a otros se les habían ocurrido ya, pero que a mí no se me habían ocurrido nunca.
Soy dueño de la común herencia de los hombres:
alegrías para disfrutarlas y penas para hermanarme a los que sufren. Y tengo fe en un Dios bueno que guarda para mí su infinito amor.

¿Puede haber mayores riquezas que las mías?

¿Por qué entonces, no me puso la revista `Fortune´ en la lista de los hombres más ricos del planeta?

Principio # 9

"La tentación al desenfoque"

Jesús siempre resistió toda tentación al desenfoque de su misión...

"Jesús es tentado en el desierto" Mt. 4, 11.

Todos somos tentados.
La tentación es una oportunidad para
elegir el placer temporal o la ganancia
permanente.
La tentación también es la prueba por la
que todo soñador debe pasar.
¿Qué significa realmente el éxito para ti?
Cuidado con tu respuesta, porque puedes
estar tentado a dar una completamente
equivocada.

No te desenfoques de lo que siempre has querido. Recuerda que la tentación a no lograr las cosas está siempre presente en todos tus planes.

¿Por que existe la tentación al desenfoque? Tal vez por miedo, por desidia, por negligencia, por apatía o simplemente por conformismo y mediocridad.

No te dejes vencer por la tentación de abandonar tu proyecto mas preciado; no es justo que después de tener la capacidad de imaginar un sueño, te dejes vencer por la tentación de no poder lograrlo. Recuerda que la creencia es la parte fundamental para vencer cualquier tentación de desenfoque.

Los cementerios están llenos de personas que se dejaron vencer por la tentación.

Las cárceles están colmadas de las personas más débiles de la sociedad.

Si tus sueños se han estrellado en las rocas de la tentación, estas a tiempo de sacarlos de allí. "Por una noche de placer, no vale la pena una vida de ceguera".

Tú tienes el poder de resistir a toda tentación, tus fortalezas son suficientemente grandes como para vencer cualquier obstáculo en tu vida y no desenfocarte tan fácilmente de lo que quieres lograr.

No hay que ser agricultor para saber que una buena cosecha requiere de buena semilla, buen abono y riego constante.

También es obvio que quien cultiva la tierra no se impacienta frente a la semilla sembrada, halándola con el riesgo de echarla a perder, gritándole con todas sus fuerzas: ¡Crece, por favor!

Hay algo muy curioso que sucede con el bambú japonés y que lo transforma en no apto para impacientes: siembras la semilla,

la abonas, y te ocupas de regarla
constantemente.

Durante los primeros meses no sucede nada
apreciable. En realidad,
no pasa nada con la semilla durante los
primeros siete años, a tal punto que, un
cultivador inexperto estaría convencido de
haber comprado semillas infértiles.

Sin embargo, durante el séptimo año, en
un período de sólo seis semanas la planta de
bambú crece ¡mas de 30 metros! ¿Tardó
sólo seis semanas crecer? No, la verdad es
que se tomó siete años y seis semanas en
desarrollarse.

Durante los primeros siete años de aparente
inactividad, este bambú estaba generando
un complejo sistema de raíces
que le permitirían sostener el crecimiento,
que iba a tener después de siete años.

Sin embargo, en la vida cotidiana,
muchas veces queremos encontrar soluciones
rápidas y triunfos apresurados, sin
entender que el éxito es simplemente
resultado del crecimiento interno y que éste
requiere tiempo.
De igual manera, es necesario entender que
en muchas ocasiones
estaremos frente a situaciones en las que
creemos que nada está sucediendo.
Y esto puede ser extremadamente
frustrante.
En esos momentos (que todos tenemos),
hay recordar el ciclo de maduración del
bambú japonés y aceptar que "en tanto no
bajemos los brazos" ni abandonemos por no
"ver" el resultado que esperamos, de todas
maneras sí está sucediendo algo, dentro de
nuestra vida. . .

Estamos creciendo, madurando.
Quienes no se dan por vencidos, van
gradual e imperceptiblemente
creando los hábitos y el temple que les
permitirá sostener el éxito
cuando éste al fin se materialice.
Si no consigues lo que anhelas, no
desesperes...
quizá sólo estés echando raíces...

Principio # 10

"Para cosechar hay que sembrar"

Jesús siempre cosechó donde sembró...

"No se engañen, nadie se burla de Dios:
al final cada uno cosechará
lo que ha sembrado" Gal. 6, 7.
En la vida todo comienza con una semilla
para sembrar; como cuando alguien planta
una pequeña bellota, y esta se convierte en
un robusto roble.
O en el caso de un grano de maíz que se
planta, este grano produce dos tallos de
maíz; a su vez cada tallo produce dos
mazorcas. Cada mazorca contiene más de
setecientos cincuenta granos de maíz. Y así
de ese pequeño grano de maíz, salieron más
de tres mil granos de maíz.

Aprenda a mirar al grano de maíz como
algo que puede multiplicarse y volverse más.
De este modo el amor es una semilla que
puede dar mucho fruto si se le dedica el
tiempo necesario para sembrarlo entre los
corazones.

¿Que tipo de semilla posees?

¿Una hermosa sonrisa?, ¿un saludo
afectuoso? ¿alguna palabra de aliento?

Recuerda que la semilla es cualquier cosa
que se multiplica y da fruto.

Sembrar significa simplemente DAR.

Dar sin medida, para poder cosechar sin
medida también.

Un árbol de limas, no da limones.

De modo que un hombre sin sueños, no
podrá inspirar a nadie a soñar.

Un hombre sin metas, no sabrá hacia
donde va.

Cuando usted comience a DAR, la gente
de su alrededor comenzará a querer darle
también.

Pero no se trata de dar para que le den, se trata de dar para multiplicarse.

Tu futuro está determinado por las semillas que siembres hoy. No te quedes sin sembrar ni un solo día de tu vida.

Siembra, siembra, siembra, siembra, siempre siembra, no te canses ni te agotes, porque de esa siembra podrás cosechar abundantes frutos.

Cada vez que tú abras tu corazón a sembrar, la vida te abrirá sus ventanas.

"El milagro de la cosecha se debe esperar solamente cuando se ha sembrado lo suficiente" David gonzález

Esta frase que escribí hace algún tiempo, ha marcado mi vida para siempre. Yo no sabía DAR, lo aprendí cuando en mi casa mi padre nos abandonó y quedamos en la pobreza absoluta; sin nada que comer, sin ropa que vestir, pero con grandes metas y sueños.

En Paz

Muy cerca de mi ocaso, yo te bendigo,
vida,
porque nunca me diste ni esperanza fallida,
ni trabajos injustos, ni pena inmerecida;

porque veo al final de mi rudo camino
que yo fui el arquitecto de mi propio destino;
que si extraje la miel o la hiel de las cosas,
fue porque en ellas puse hiel o mieles
sabrosas:

cuando planté rosales, coseché siempre
rosas.
...Cierto, a mis lozanías va a seguir el
invierno:
¡mas tú no me dijiste que mayo fuese eterno!

Hallé sin duda largas noches de mis penas;
mas no me prometiste tú sólo noches
buenas;
y en cambio tuve algunas santamente
serenas...
Amé, fui amado, el sol acarició mi faz.
¡Vida, nada me debes! ¡Vida, estamos en
paz!

AMADO NERVO

CREDO DEL CLUB DE LECTORES

Me prometo a mi mismo
Dedicar tiempo para mejorar, leyendo buenos
libros y no tener tiempo para quejarme,
condenar y criticar a los demás.
Me prometo a mi mismo
Ser tan entusiasta que los demás se contagien
de una manera de pensar diferente y dar
gracias por las bendiciones de cada día.
Me prometo a mi mismo
Ser tan fuerte que nada pueda perturbar mi
paz mental, hablar de Dios, de prosperidad,
salud y felicidad con cada persona que me
encuentre. Hacer de cada día mi obra maestra,
ayudar a los demás y hacerles sentir que hay
en ellos algo de valor.
Me prometo a mi mismo
Ser lo mejor que pueda ser, Pensar solo lo
mejor, y esperar solo lo mejor.
Ser tan entusiasta acerca del éxito de los
demás, como si fuera mi propio éxito.

Me prometo a mi mismo
Tener una actitud positiva todo el tiempo y dar
una sonrisa a todas las personas que conozca.

Me prometo a mi mismo
Olvidar los errores del pasado y luchar hasta
alcanzar mayores logros en el futuro, ser tan
feliz como para tolerar todo problema que se
me presente y tener la capacidad de
resolverlo.
Me prometo a mi mismo
aprender más, crecer más y cambiar aún más

Contrato irrevocable Contigo Mismo

A continuación vas a leer un compromiso contigo mismo. Cuando aceptes firmar este contrato estarás comenzando el primer día de tu nueva vida. Una nueva vida llena de éxitos, triunfos, metas y sueños alcanzados...

Contrato Irrevocable

Yo, _____, En este día prometo: Iniciar una nueva etapa y hacer más con mi vida, alcanzar la grandeza que existe dentro de mí y que está esperando ser utilizada. Hoy dejaré de huir de mí mismo y ya no fracasaré jamás, este es el día que por fin tengo el valor de enfrentarme a las circunstancias y los problemas y los venceré uno a la vez. No volveré a tomar el camino fácil.

Sacrificaré placeres temporales disciplinando mis apetitos físicos y emocionales por alcanzar la excelencia en mis esfuerzos de acercarme a mi meta.

Alimentaré mi mente de información y mi espíritu de positivismo y entusiasmo, y en mi continua jornada no permitiré que mi mente sea invadida por el ocio, ya que tengo la fuerza de voluntad necesaria para evitarlo.

Hoy también renuncio a la Desidia, Pereza, Ignorancia, Debilidad de Carácter y otros malos hábitos que hunden al ser humano en las tinieblas de la mediocridad y del conformismo.

Pagaré el precio necesario de alcanzar esta meta, porque sé que el dolor del fracaso es mayor que cualquier sacrificio o trabajo.

Sé que al firmar este contrato estoy dando un paso importante en mi vida porque al cumplirlo estaré preparado para continuar con mi siguiente meta y por primera vez puedo comprobar que tengo control de mi destino. Por fin empezaré a ser inmensamente feliz realizando mis sueños, y he dejado mentiras y excusas en el pasado.

Ya no me conformaré con solo limosnas de la vida para sobrevivir; para triunfar nací y fui diseñado y hoy sé que las grandes puertas de la felicidad, la riqueza y la tranquilidad se abrirán para mí y para mis seres queridos.

Si no cumplo con este contrato merezco que la vida me trate como hasta hoy lo ha hecho.

Yo, _____, me comprometo a cumplirlo por mi propio bien.

Fecha_____Lugar_____Testigo_____

Esta obra se terminó de imprimir en
Octubre del 2005.
En:
Los Talleres Exclusivos del
Buzón del Éxito, INC.

**Artistik Concepts.
en Pico Rivera, Ca. USA**

El tiraje fue de 2000 ejemplares y su
cuidado estuvo a cargo del equipo del
Buzón del Éxito y Artistik Concepts.